社会福祉を牽引する人物④

岸本　敦

―異端の経営者と言われながら―

鼎談者　岸本 敦・森脇 恵美・塚口 伍喜夫
編集者　野嶋 納美・森脇 恵美
編集助手　郷田 真佐美

大学教育出版

まえがき

社会福祉を牽引する人物の4番目に岸本敦さんにご登壇いただきました。岸本さんはこの社会福祉業界では異端児と言われてきました。それだからこそ出演いただくことにしたのです。異端と言われる一つは、経営発想が型破りだからです。従来のこの業界の慣例や常識にとらわれないことです。二つには、職員に対する厳しい指導の反面、職員が岸本さんから離れていかないのです。それだけでなく、岸本さんのもとで大きく成長していると思えることです。三つには、経営理念の中にサービス利用者に対するホスピタリティを特別に大事に扱っていることです。こうした面を本会顧問で初代理事長の塚口伍喜夫氏から引き出していただくことを期待しています。岸本さんの経営者像が浮かび上がるときに、その頑固なまでの経営理念が分かってくると思います。さらに付言すれば、岸本さんの右腕である社会福祉法人本部長の森脇恵美さんの存在です。表に出ないで岸本さんの最大のブレーンとして法人の発展に尽くされてきました。そのお考えも見えてくると思います。

岸本さんは、私が社会福祉法人を立ち上げたときの理事にご就任いただきました。若くして明確な意見を出され、大いに参考にさせていただいたのを昨日のように憶えています。社会福祉法人経営者にはぜひご一読いただきたいと思います。

令和2年1月吉日

NPO法人福祉サービス経営調査会

理事長　笹山　周作

はじめに

岸本　敦（社会福祉法人千種会ＣＥＯ）氏については、社会福祉法人経営者として関係者の間で評価が二分します。その一つは、岸本氏は、本来その対象とすべき「社会の底辺」の人々に焦点を当てていないのではないか、それでは社会福祉といえないのではないかとする、いわば、「古典的」社会福祉観から評価するものです。もう一つは、岸本氏は、従来の社会福祉の概念に捉われず、社会福祉の普遍化と軸を同じくして、今までの概念の殻を破る発想で社会福祉を捉え、進めていこうとする姿勢への評価です。

私は、むしろ後者の、こうした姿勢を新しい芽生えと捉え、その新しい発想を根底にした社会福祉法人の経営をつぶさに見てみたいと考えました。

そして、「異端」の経営者と言われる、その異端とは何なのかも探ってみたいと思いました。この取り上げを企画したＮＰＯ法人福祉サービス経営調査会の笹山周作理事長も同様の関心を持たれました。以下それを追ってみます。

対談者　塚口伍喜夫

社会福祉を牽引する人物④
岸本　敦
――異端の経営者と言われながら――

目次

まえがき……1
はじめに……3
第Ⅰ部　対談（一部鼎談）岸本　敦「異端」の経営者と言われながら……9
対談者塚口伍喜夫（ＮＰＯ法人福祉サービス経営調査会顧問）
社会福祉経営に関わることになった動機と原点……10
小室豊允先生とのかかわり……12
特養の拡大を図る……16
施設におけるホスピタリティの発揮はノーマライゼーション実現への道……20
経営者は、豊かな人格者であれ……27
職員は職場の宝……31
第Ⅱ部　社会福祉法人千種会職員座談会……35

第Ⅲ部　岸本　敦　論文
社会福祉法人の提供するサービスはこのままで良いのか …… 79
『社会福祉法人の今日的使命』平成26年1月、リベルタス・クレオ刊行より
編集後記 …… 102

第Ⅰ部

対談（一部鼎談）

岸本　敦　「異端」の経営者と言われながら

対談者塚口伍喜夫（NPO法人福祉サービス経営調査会顧問）

社会福祉経営に関わることになった動機と原点

塚口：今日は、岸本さんとの対談ですが、岸本さんの右腕として岸本さんを補佐してこられた森脇恵美（法人本部長）さんにも加わっていただくことにしました。

まず最初に、岸本さんが社会福祉法人の経営に関わることになった動機をお聞かせください。

塚口伍喜夫氏

岸本：もともと特別養護老人ホームを始めたのは私の父親です。父は宍粟郡千種町（現在の宍粟市千種町）の出身で、大阪へ出てきて事業を始めました。その父が、何か出身地の千種町への御恩返しがしたいと思い、当時の千種町長に相談しました。その結果、千種町も高齢化が進んでいるので、在宅介護が難しい高齢者に特別養護老人ホーム（以下「特養」という）を準備したい、という町長の意向を尊重して特養を造ったのが始まりです。

本来なら、兄が継ぐのが当たり前ですが、兄は医者で奈良医大の医局にいたものですから私が継ぐことになったのです。社会福祉法人名の千種も町名から採りました。

塚口：千種町が社会福祉法人千種会の原点になるのですね。千種町についてどんな思いを抱いておられるかお聞かせください。

岸本：「千種町は澄み切った空気に透き通る水、陽の光に映える緑、そんな豊かな自然の中で川魚を追いかけて過ごした少年時代」（『産経新聞』PR記事より引用）と表現しているように、私という人間を育んだ原点がそこにあります。

森脇は、私と同じ千種町の出身です。縁あって千種会に来てくれて今日に至っております。

岸本敦氏

小室豊允先生とのかかわり

塚口：岸本さんの経営理念の形成には小室豊允先生の影響も強くあるのではないかと推測するのですが如何ですか。

小室豊允（1942〜2013）：政治評論家、政治学者、社会福祉学者、大阪府立大助教授、姫路獨協大教授・学長、同大学名誉教授。全国社会福祉施設経営者協議会（以下「全国経営協」という）の初代会長吉村氏と親交が深く、全国経営協の専任講師のような立場で社会福祉法人経営者を指導した。また、全国に「小室ゼミ」を組織化し全国の社会福祉法人経営者、福祉施設長などの指導に当たった。

岸本：私は小室先生のカバン持ちを長らく務めましたので、先生の思想を強く受けたことも事実です。小室先生からは、物事を大所高所から見ることの大切さを教えていただきました。また、社会福祉法人の経営手法についても教えていただきました。塚口さんも小室先生とは強いつながりがありましたね。

塚口：小室先生とは、先生が大阪府立大の助教授をされていた時代から付き合いがありました。その後、全国経営協や兵庫県社協の理事などもやっていただき、一時は、兵庫県社協の会長の任にもついていただきました。また、兵庫県の小室ゼミにもゲストスピーカーとして招かれていましたので縁は深いです。小室さんの葬儀も取り仕切ることになりました。早く亡くなられて残念です。

もう少し、小室先生のことについてお話しください。

岸本：小室先生の社会福祉経営論は、従来の研究者のそれとは大きな違いがありました。特に先生は、社会福祉法人は措置の時代はないがしろにされていた契約の在り方にスポットを当てておられました。措置の時代は、契約は社会福祉法人と結ぶのではなく個々の施設と結びました。先生は、この契約の在り方について法人主体にしなければならないと強く主張されていました。この主張を強くされたのは小室先生が初めてではないでしょうか。

塚口：当時の厚生省は、社会福祉法人は福祉施設を造るための方便として位置付けていたのではないかと思います。施設ができれば、社会福祉法人の役割は終わったと考えていたように思います。この偏見にメスを入れたのが小室先生だったのですね。岸本さんがおっしゃる通りです。

ところで、小室先生が兵庫県知事選に出馬されて、今の井戸知事と戦われました。このいきさつとその後についてお話しいただけますか。

岸本：井戸知事の一期目の選挙の時です。なんでこの選挙に出馬される決心をされたのか分からないところもあります。結果は敗北でした。しかも、落選後は小室先生の傍から多くの人が離れていきました。しかし、社会福祉法人経営者の何人かは小室ゼミに留まりました。

塚口：私が何人かと共同でＮＰＯ法人福祉サービス経営調査会を立ち上げた動機は小室ゼミの精神を引き継いでいこうとするものでした。そのため、このＮＰＯの参画者は皆元小室ゼミ生です。言ってみれば、権力に阿《おも》ねない経営者だからです。権力に媚び、阿ねるような経営者は次々と権力者を渡り歩きます。こんな姿勢の経営者が１００人集まっても社会福祉を改革し前進させる力にはなりえません。

岸本：小室先生はこの知事選で40万票以上の得票を得ました。小室先生が出馬表明した時は、自民党県連は井戸候補の推薦を決めた後でした。タイミングは最悪です。そして手弁当での選挙運動です。兵庫県内の社会福祉法人経営者は井戸候補の顔色を見て選挙協力はしませんでした。大阪の経営協の有志が頑張ってくださいました。選挙は戦争です。負けると惨めなものです。でも、小室先生は社会福祉法人経営の将来の展望を失わず我々を指導してくださいました。

特養の拡大を図る

塚口：岸本さんは社会福祉法人の経営理念を小室先生から多く学ばれましたが、この経営理念を自分のものにしながら高齢者施設の拡大を図っていかれます。その経過等をお話しください。

岸本：父が立ち上げた特養「ちくさの郷」を足場に、平成7年に神戸の東灘区に特養「おおぎの郷」を立ち上げました。この立ち上げは私の力です、と言いたいですが、実は松井年孝氏、黒川恭眞氏などの指導や助言を得ながらの立ち上げでした。信頼のおける諸先輩方の存在はありがたいですね。続いて、神戸市の西区に特養「岩岡の郷」を新設しました。岩岡の郷は、「医療と福祉の融合」をコンセプトに、保険診療ができる診療所を併設した特別養護老人ホームです。このコンセプトの背景には、医療と福祉の間に真の意味での協働関係を感じてこられなかったことがあります。例えば、配置医師に夜間に今すぐ往診をお願いしたいと思っても、緊急で駆けつけて頂けないことが現実です。本当に必要なタイミングで医療を提供してもらえないというジレンマが、自ら医療を持つという自分なりの結論に至らしめました。（平成12年8月）。

その後、東灘区に特養「甲南山手」（平成19年5月）、メディカ

特別養護老人ホーム甲南山手

特別養護老人ホームちくさの郷

介護付き有料老人ホームLe MONDO

特別養護老人ホームおおぎの郷

ルケアハウス甲南山手（平成24年6月）、メディカルグループホーム甲南山手（平成25年7月）と順次開設しました。特養甲南山手は保育所を併設したことも特徴の一つです。甲南山手は「安田生命」の社員寮を買い取り開設したこともあり、立地の良さや利便性など、これまでの特養にはない特色を

Les 芦屋　ロビー

Les 芦屋　フロント

Les 芦屋　清潔なトイレ

Les 芦屋　サロン

持っています。私たちが「場所」へのこだわりや、本当に質の良いサービスの提供を深く考えるきっかけになった施設とも言えます。次には、西宮市に介護付き有料老人ホーム「Le MONDO」を開設しました（平成25年12月）。最後は芦屋市に有料老人ホームに、グループホームと特養を併設した「Les芦屋」を新設したのです（平成27年10月）。神戸の東灘区の山手や芦屋市は一般には高級住宅地域と言われております。本当の意味で、住み慣れた街で暮らし続けるということは、そこにある文化的な水準も含めたクオリティーを求められるのではないでしょうか。サービス提供の在り方そのものが「住み慣れた場所」を感じさせる要素であると考えています。

塚口：芦屋市に新設の複合型有料老人ホーム「Les芦屋」は、まったく老人ホームの雰囲気ではありません。高級ホテルのフロントに足を踏み入れた感じです。これが岸本さん主張の「その地域に合ったホスピタリティの実現」ということなのでしょうか。後でゆっくりお聞きしたいと思います。

森脇：特養に限らず、社会福祉施設において、そこの職員がどんなホスピタリティを発揮するかは非常に大事なことだと思います。

施設におけるホスピタリティの発揮はノーマライゼーション実現への道

塚口：先ほど森脇さんからホスピタリティの発揮如何がその施設の価値を決めるといったような発言がありましたが、このことについてもっと意見をお聞きしたいと思います。

森脇：岸本は、施設におけるこのホスピタリティの在り方を大変重要視しています。私が、この業界に関わって一番驚いたのが、ジーパンで研修などに参加している人がいたことでした。また、誤解を恐れずに言えば、福祉職場では服装やメイクについて、そこまで高い意識で臨んでいないような気がします。

どのような仕事であっても、ひと度お客様の前に立つ時には、エチケットとして「身だしなみ」を整えることは当然のことです。

なぜそれが必要かというと、清潔な服装や上品で柔らかいメイクが相手に安心感を与え、「あなたを受け入れていますよ。」というメッセージになるからです。そう考えると、福祉の仕事だからと言って、その意識を横に置いてはいけないのではないかと思っています。

塚口：いやー手厳しい指摘ですね。敗戦直後の物がない時とは違って、今は誰もがそこそこの身だしなみができるときですから。

ホスピタリティは、服装以外にいろいろなところに生かされているのではないですか。

岸本：先ほど塚口さんが「Ｌｅｓ芦屋」のフロントの雰囲気を話されていましたが、施設の設え、設備、雰囲気などにも最高のホスピタリティ・おもてなしの感覚が必要だと考えています。昔は、施設独特の臭いがありました。集団生活ならではの、お食事や排せつ物、体臭などが入り混じった独特の臭いです。この臭いが、私たちの感覚を「老人ホームは〝暮らし〟の場所」という概念から遠ざけてしまっているような気がします。今はそんな臭いのする施設は少なくなりましたが、まったく無くなったわけではありません。私どもの経営する介護福祉施設は予算の制約がありますので、その範囲内でお客様に最高のおもてなしをしなければならないと考えています。

また、ホスピタリティは、施設のつくりとか設備の設えだけではありません。お客様に接する職員の身だしなみも大切です。金髪や茶髪、肩にかかるような長髪は若人のファッションかもしれませんが、例えば、ホテルやレストランにそのようなスタッフがいれば違和感を覚えますよね。千種会で働く職員はきちんと調髪することを義務付けています。また、ピアスやおしゃれを追求した過度なメイクなども禁止しています。

施設サービスを受けられる高齢のお客様は、施設にご入居されることで、これまでとは違った環境に身を置くことになります。そのこと自体が大変な不安感を誘発する中、年代的に違和感のある風貌の人にケアされることにも戸惑いを覚えられるのではないでしょうか。

塚口：通常の特養でもかなりのホスピタリティが発揮できるし、実際に実行しておられますね。それが有料老人ホームになるともう少し拡げられるのではないですか。

森脇：岸本に代わってお話をしますと、例えば、複合型有料老人ホーム「Ｌｅｓ芦屋」では、厳選豆をブレンドした淹れたてのコーヒーを提供するカフェ、お風呂は高野槙を使用した香り豊かな設え、施設全体に豊かな香りを漂わせるアロマの使用などをしておりま

森脇恵美氏

す。食事について言えば、某有名日本料理店に調理師が研修に出向き、和食の真髄を勉強しています。医療面では、地域の中核病院である市立芦屋病院のバックアップも得ながら、内科・整形外科・精神科・歯科は自社グループ内の医療機関できめ細やかに提供できる体制を構築しています。さらに、ＯＴ、ＰＴなどのセラピストはもちろん、エステやカフェなどのスタッフとも連携しながら、他にはないチームアプローチの形を模索しています。これらを、私たちは「スモール・ラグジュアリー」なサービスと位置づけ、お客様の自立支援、病気に対する不安の解消などに努めています。

塚口：今はスモール・ラグジュアリーかもしれませんが、それが普通になっていくことが望まれますね。

ホスピタリティについてお話をお聞きしていて、千種会におけるこの追及例はまだレアケースだと思うんですが、この件も普遍化していくことが望まれますね。

ホスピタリティの追及はノーマライゼーションの追及にむすびつくのではないかと

思っています。実は、北欧の社会福祉の究極の目標はノーマライゼーションの実現ではないかと私は思っています。スウェーデンのある小都市で目撃したのですが、スウェーデンでの車いすの提供は、利用者一人一人に合ったオリジナル車いすの提供です。Aさんの車いすとBさんの車いすは障害の診断によって設えますから同じものではありません。加えて、車いすの色調もそれぞれの利用者の好みによって違います。これはラグジュアリーではありません。当然の提供方法なのです。

芦屋で長く暮らしてきた人が自立できなくなり特養を利用することになった場合、その部屋が臭ったり、3度の食事は外注のまずい食事であったり、よれよれTシャツの介護職員に世話をされたりすると、その落差が大きすぎて悲嘆に陥ることだってあります。ノーマライゼーションの理念の一つは、こうした落差を感じさせない環境を提供することではないかと考えます。

千種会の「Le　MONDO」や「Les芦屋」の試みはノーマライゼーション実現への試みとみることもできるのではないかと考えます。

実は、このノーマライゼーションの理念は社会福祉の在り方を考えるとき最も大切な理念の一つです。ノーマライゼーションは、「普通の状態にすること」すなわち、平常化、常態化、等生化と表現されています。この思想から考えると施設主義的な福祉ではなく在宅主義的福祉がノーマライゼーションの思想・理念に近いとみることができます。しかし、日本の高齢者介護福祉は今後大きく施設サービスに比重をかけていかなければならないような情勢です。そうであるならば、施設サービスを利用者にとってよりノーマルな状況にする努力が求められます。その視点から千種会の試みを見ると、まさにその努力の試みではないかと思うのです。

（参考）

ベンクト・ニーリエ（スウェーデン・ウプサラ大学）はノーマライゼーションの考え方について次のようにまとめています。

1. ノーマルな一日を体験する権利（朝起きて着替えをする、食事を摂る、散歩をする）。
2. ノーマルな一週間を体験する権利（毎週金曜日と日曜日はこのテレビ番組を見る）。
3. 一年間のリズムを体験する権利（国家行事や宗教行事に参加できスポーツイベントや夏休みの旅行が楽しめる）。
4. 子どもが大人になっていくというノーマルなライフサイクルを体験する権利。
5. 自己決定と個人としてのノーマルに尊厳を受ける権利。

6．その人の住む社会の文化習慣に則ってノーマルな性生活をする権利。
7．その国におけるノーマルな経済生活水準を得る権利。
8．その人の住む社会におけるノーマルな住居・環境水準を得る権利。
ここで注目すべきは、これらはその人の権利だということです。

経営者は、豊かな人格者であれ

塚口：ところで話が変わりますが、岸本さんの評価の一つに、社会福祉法人経営のことより趣味のゴルフにうつつを抜かしているのではないかといった風評があります。私は、社会福祉に関わる人間は趣味も豊か、文化的素養も豊かといった人間味豊かな人が適任と考えているのです。そうでないと百人百様の人生を歩んでこられた高齢者に寄り添うことができないのではないかと考えますが。

岸本：私の唯一の趣味はゴルフです。その腕はそこそこです。ゴルフにうつつを抜かして法人経営をほったらかしにしているのではないかといった批判も仄聞《そくぶん》しますが、私はゴルフでストレスも解消していますし新たなエネルギーも充填しています。そして何よりも、ゴルフで多くの尊敬すべき方たち、経済界、医療界、文化界などで一流といわれる方たちとつながりを持つことができています。やはり、一流と評価されている人たちは人間的にも魅力たっぷりです。私はこうした人たちから多くのことを学んでいます。例えば、企画や事業に取り組む本気度です。この気概が世界に伍して勝利していく源なのだなぁと感じたり、何とも広い人脈のネットワークに驚かされます。

岸本さんのゴルフプレー

私は、施設環境を豊かにする一つに「香り」、すなわち、アロマに興味をもって施設でも生かそうとしているのですが、ゴルフで知り合った方々からもご意見やアドバイスを受けこれを活かしています。社会福祉施設サービスのリノベーションとか新たな前進のためのヒントや示唆は同じ業界の中だけでは得られないと思っています。私はゴルフを通した一挙両得を手にしていると思っています。

塚口：私は、社会福祉に携わる人は「豊かな人間味あふれる人」が理想的だと考えています。例えば、介護にあたる職員は、介護技術はあまり上手くなくても、豊かな人間味をもってその相手を理解しようとする態度が見える、そんな介護福祉士であってほしいと考えています。

ある介護福祉の会議でこんな発言をしたら、「塚口先生、この会議で『介護技術は下手でも』という発言は良くありません」と批判されました。この批判をするようなコリコリの頭の固い介護福祉士には介護されたくありません、というのが私の本音であったわけです。

話を戻しますと、岸本ＣＥＯはゴルフという趣味をお持ちなのですが、職員たちはどんな趣味を持っているのでしょうか。やはり職員も豊かな趣味を持つように誘導したらどうでしょうか。極論すれば、趣味の無い人間は魅力に乏しいですね。

私は昔、岩崎峰子（祇園のトップ芸者）さんがその著書の中で「一流の人はそれなりの見識や知識、人間としての奥行きの深さをもっていらして、それがトップの座をつかみ取る理由になっている」と述懐しているのを読んだ記憶があります。

介護福祉の仕事は、介護をする人の人格がされる人に大きく影響すると思っています。対人援助の仕事は多かれ少なかれ皆そうです。それだけに、介護技術をおろそかにしろとは言いませんが、介護福祉士は絶えず教養を深め、人格を磨いてほしいと思っています。

岸本：私たちの法人のすべての職員はクレドカードを身に付けています。これは、「もう一つの我が家」をコンセプトに世界中でラグジュアリーなホテルサービス事業を展開しているザ・リッツ・カールトンホテルをお手本にしています。

クレドとは、信条を指します。法人によっては倫理綱領という表現もしていますが、このクレドはその職場にいる限り絶対に実行していくという規範です。このクレドに「常に人間性豊かに」を謳う必要もあるかなと、思っています。

職員は職場の宝

塚口：私が九州保健福祉大学に在籍中に、岸本さんが施設長の後藤一男さんと二人で「卒業生をわが法人へ回してほしい」と依頼に来られました。神戸から宮崎県の延岡市まで来られる熱心さに驚いたのですが、それが縁で、千種会には多くの学卒者を採用していただきました。もうそれは20年近く前になりますが、それらの職員が施設長などに取り立てていただき頑張っています。

岸本：塚口さんには卒業生を紹介していただき採用しましたが、彼らはほとんど辞めずに頑張っています。

塚口：千種会に採用された卒業生たちは高いモチベーションを持って働いているように思い

ます。岸本さんは、法人のＣＥＯとして職員の処遇はどうあったらよいと考えておられますか。

岸本：介護福祉は質の高い介護福祉士を中心に、周辺を支える職員集団のチームワークで成り立っていると考えます。もちろん、介護サービスの直接的な提供者は介護福祉士ですが、それだけでは満足のいくサービスは提供できません。自立に向けたＯＴ、ＰＴ、健康を管理する看護師・保健師、美味しい料理を提供する調理師、癒しを提供するセラピスト、さらにはこうした専門職が安心して働くことを支える事務職員などの一体的なチームワークによって施設における介護サービス、しかも質の高いサービスが提供できるのです。職員は、このチームの働きを理解し相互に強く連携しながら日々の業務を行うのです。個々の職員はこの全体を理解し自分の仕事の位置を確認することが大切です。でないと、介護福祉そのものを理解することができないからです。

　そのように深い中身を持った仕事であるにもかかわらず、現実には介護現場の仕事は

集合写真

将来が見えづらいことも事実です。

もちろん仕事に見合った給与体系を築くことも必要ですが、それ以上に、自分の人生の中で、どのようなキャリアを築いていきたいかというキャリアデザインの考え方が重要です。これを基盤にした人事考課やキャリアパスの構築、そのための仕組み作りや研修には、どんなに費用や時間を割いてでも取り組むべきだと思っています。

塚口：岸本さんの経営理念は確かに今までの概念を超えたものがあります。このことが「異端の経営者」と評されてきた原因かもしれませんが、社会福祉法人の硬い殻を破ったところにこれからの在り方を展望したクレドが構築されるように思います。

今まで、岸本敦ＣＥＯとその右腕である森脇さんから、社会福祉法人千種会の経営理念や具体的な取り組みの概要をお聞きしてきましたが、その取り組みを補完するために、職員の代表である皆さんから評価や意見を聞きたいと思います。

この座談会の司会は森脇さんにお願いしたいと思います。塚口は、所々で質問や意見を述べたいと考えます。

第Ⅱ部

社会福祉法人千種会職員座談会

令和元年8月22日・Les芦屋会議室

【座談会構成メンバー（五十音順、敬称略）】

コーディネイター　森脇恵美（社会福祉法人千種会法人本部長）

秋吉範子（特養・Les芦屋管理者）
神谷知美（GH・Les芦屋管理者）
田中一平（医療事業推進マネージャー）
長友建悟（有料・Le MONDO支配人）
松尾智章（有料・Les芦屋管理者）
松山泰三（特養・おおぎの郷施設長）

オブザーバー　塚口伍喜夫（岸本CEOとの対談者）
野嶋納美（出版本の編集責任者）
郷田真佐美（同上、編集助手）

【開催趣旨】

まず、開催趣旨について塚口より説明

塚口：こちらは、野嶋納美さんです。ＮＰＯ法人の副理事長で今回の本の編集責任者をやってもらっています。今回の本は何の本かというと、兵庫県内で社会福祉を牽引する特色ある人・リーダーを取り上げてきたシリーズ本の出版のための座談会です。この座談会で職員の皆さんの職場での状況、日々の業務への思い、将来に向けての抱負などをお聞かせ頂きたいと思っています。今までは、社会福祉法人神戸婦人同情会理事長の城純一さん、社会福祉法人ささゆり会法人本部長の笹山周作・勝則さん兄弟、社会福祉法人白鳥会理事長の西川全彦・八寿子夫妻、そして今回は、社会福祉法人千種会ＣＥＯの岸本敦さんを取り上げることにいたしました。誰を取り上げるかは、この出版を企画しているＮＰＯ法人福祉サービス経営調査会の理事会で決めます。

岸本さんは福祉業界では異端児とみられています。今までの慣習や価値観に捉われず、自分なりの価値観で社会福祉法人経営を進めてこられました。この本の編集の中で、職員のみなさんから岸本敦ＣＥＯの経営評価も含めて意見を聞かせていただきたいと思っています。

職員のみなさんの状況を最も良く知っておられる法人本部長の森脇恵美さんに今日のコーディネートをお願いしています。

職員座談会＝岸本CEOの経営をめぐって＝

森脇：今日のメンバーは九州保健福祉大学を卒業してこの法人に就職し、現在も頑張っておられる九州保健福祉大学の1期生、2期生です。座談会中、仕事の関係でメンバーが入れ替わり立ち替わりになると思いますがよろしくお願いします。

はじめに、千種会入職の経緯も含めて簡単に自己紹介をしてください。

森脇恵美氏

神谷：大学での塚口ゼミ生であった神谷知美です。1期生で出身は九州の宮崎です。入職した経緯は、もともと宮崎を出る気はまったくなかったのですが、宮崎の老人ホームの就職試験を受けて落ちてしまって、いよいよ後がないとなった時に塚口先生から「神戸に行くか」と言われ、同期で親交のあった松山さんも一緒だったので神戸に行くことにしました。

森脇：長友さんを含め同期3人で、初めて岩岡の郷に来られましたね。

神谷：はい、そうです。長友建悟さんは大学時代あまり話したことがなかったのですが、同じゼミでしたので、一緒に見学に行きました。

神谷知美氏

森脇：1期生の神谷さん、松山さん、長友さん3人で神戸市西区の特養・岩岡の郷に見学に来てもらいました。今も、同期3人とも法人で働いてくれているということですね。

神谷：16年。今年17年目になります。

森脇：最初に岩岡の郷に来た時の印象は。

神谷：神戸はすごい都会だと感じましたが、岩岡の郷の周辺は、畑もあってよかったなと感じました。

森脇：そこでは岸本CEOには会ってないですか。

神谷：挨拶はさせてもらったと思いますが、こんなに若い人が事務長なんだという森脇さんの印象の方が強くてCEOのことは覚えてないです。

森脇：はじめてCEOに出会った場面を覚えていますか。

神谷：どこだったか覚えてないですね。

森脇：16年働いてきて、初めの印象から何か変わったことはありますか。

神谷：初めは仕事についていくのが精一杯で、怖い先輩もいたりして精神的にしんどい時期もありましたが、周りの支えもあり今まで頑張ってこられました。5年ぐらいの間隔で異動があり、辞めたいなと思う時期に差し掛かったとしても、また一から頑張ってみようかなと切り替えて続けてこられました。

森脇：私自身も同じような経験があったので、定期的な異動は一つの利点かもしれないですね。異動するところがあることで、「退職」という選択だけで考える必要が減ります。

松尾智章氏

松尾：九州の長崎出身の松尾智章です。私は2期生で塚口先生からの紹介で来ました。私は進学するつもりでいたので、就職する気はなく、就職活動をしていませんでした。先生がいろいろ心配して下さっていました。ちょうど後藤一男施設長と岸本CEOが宮崎に来られていて、その時面接をするということで

8人ぐらい一緒に面接を受けました。それが初めての就職面接でした。とても緊張していましたが、質問の内容が本当に就職の面接なのかというような、雑談に近い感じでした。一応就職面接で聞かれそうなことについて準備をしていましたが、それを聞かれることがなかったという印象です。

森脇：その時は、岸本CEOと後藤施設長だったのですね。最初の印象はどうでしたか。

松尾：緊張であまり覚えていませんが、堅い感じかと思っていましたが、距離感が近いという印象を受けました。その印象は今でも変わっていません。仕事の時も正職員やパート職員など関係なくスタッフの所にきて声をかけてくださるので、良い意味でも悪い意味でも距離が近いと思います。私たちは日頃の会話の中である程度CEOの真意を汲み取っていると思いますが、普段あまり交流のないスタッフに対してCEOがお話しされている時に、真意が伝わるかどうか私が冷や冷やすることがあります。

塚口：神谷さんもそうだと思いますが、松山さんは神戸のような都会には怖いので行かないと言っていましたね。

森脇：松山さんは今でも「神戸に行くつもりはなかった」と言っています。給料を見たときに宮崎よりも高いと思ったようです。みなさん九州を出るつもりはなかったようですね。

松尾：お給料を考えたら、一回出た方がよいと言われました。

塚口：神谷さんもそうだと思いますが、宮崎出身者は宮崎を出たくないようです。それを神戸に引っ張ってくるのは大変でした。

森脇：その当時は、この業界も今ほど人材不足ではありませんでした。ただ、少しずつ人材が不足しつつあった時期で、私たちも塚口先生からのご紹介で九州保健福祉大学を卒業してくる人たちに就職していただきました。その当時に来てくれた人たちが現在の千種会の柱を担ってくれている部分があるので、一つの大きな流れになっているかと思っています。

他の法人からの転職

長友：見学に来たときは、私は違う法人の面接を受けました。大学時代の私は、まじめに勉強していたとは言い難く、介護の知識もなく専門用語もわかりませんでした。面接でどのように答えようかと考えて、「利用者様の人気者になりたいです」と答えました。それは当り前だと言われたのを覚えています。それが少し威圧的に感じられ、怖い施設長の

長友建悟氏

もとで働くのは不安だなと思って施設を出ました。次に岩岡の郷に行きました。後藤施設長との面接の内容を後で聞くと、「九州から出てきてくれてありがとう、給料ももっと増やしていくからな」などと言われたと知り、この差は何だと思いました。ホテルに泊まった夜にすごく不安になって眠れなくて、朝に、先生に「不安になりました。就職を少し考えさせてください」とお願いしたくらいです。結果的には、その施設に就職し9年10か月勤めました。辞めようかと悩んでいる頃、偶然研修で神谷さんと出会い交流を再開しました。神谷さんにも相談し、千種会への転職を考えるようになりました。千種会のことを調べたら住んでいる近くに施設があってお世話になろうと思いました。初出勤の前日に岸本ＣＥＯに呼ばれ面談を受けました。部屋に入るといきなり「おまえか」と言われ、直接的な話し方に驚いたのを覚えています。強烈な印象を受けました。

森脇：初めて会ったときはどうでしたか。

長友：この人はいったいどういう人なんだろうと思いました。またちょっと不安になりました。当時働いていた施設からの引き抜きになることを気にされ前職の施設に挨拶に行くと言われました。当時は正直気が進みませんでした。かえって居心地が悪いようにも感じました。でも実際に行ってみると、岸本ＣＥＯが自ら、当時の施設長に頭を下げてくださり、いま思うとすごいことをしてもらったと感謝しています。

森脇：今でも筋を通す姿勢は変わってないところだと思います。

塚口：ある法人の前の理事長が放漫な経営をしたからこの法人の将来は危ないと思いました。私は、そこはつぶれるかも分からないというのがあって、私も、長友君が転職するのを助言しました。一生懸命やっているが将来どうなるかわからないので。当時の園長から大事な職員を引き抜いて困るなと言われました。転職は正解だったと思っています。末だに理事長からも言われますが。

森脇：実際転職してどうですか。

長友：転職して良かったと思います。その後何人か同じ施設から転職してくる人がいました。それで前職場から呼び出され、これ以上人を引き抜かないようにとお願いされました。当時、そんな意識はなかったのですが。

塚口：長友君は、中西園長といい関係をつくっていました。前施設でも、周囲と良い関係をつくっていました。それだけに余計ダメージが大きかったと思います。

おしゃれな神戸へ

田中：九州保健福祉大学東洋介護福祉学科の卒業生です。千種会に入職するきっかけは松本由美子先生（九州保健福祉大学社会福祉学部東洋介護福祉学科助教授）から関西の方に良い施設があると紹介されたことです。私は、和歌山の出身です。関西出身ということで、その話をいただきました。私のふるさとは和歌山でも田舎の方で、宮崎とは台風が来るところや山・川・海があるところが似ていました。私自身は、都会へ出たくて仕方なかったです。ただ、大阪や東京は、友達がいて遊びに行くこともありましたが、自分には都会過ぎるかなと思っていました。先生のご紹介の施設は神戸にありました。神戸は昔からおしゃれでスマートなイメージを持っていたのですごく惹かれました。松本先生のことを信頼していたということもあり、面接に受かったらぜひ行きたい気持ちが芽生え、どうするか聞かれて、「行きます」と即答しました。ホームページの「おおぎの郷」の吹き抜けの写真を見て、

田中一平氏

これまで実習などで訪れた施設とはイメージが大きく異なっていて、明るくて洗練されているると感じ、ますます気持ちは高まりました。

実は、松本先生から打診を受けている時、一緒にいた友達がそれを横で聞きながら、「僕も神戸行きたいです」と言い出しました。私は関西出身ということでこの話をいただいたのですが、結局、宮崎と福岡出身の友人も一緒に希望し、東洋介護福祉学科からは5～6名が面接を受けることになりました。面接は大学の一室で行われました。

塚口：岸本さんと後藤さんがわざわざ来てくれたので、私もびっくりしました。法人の幹部がわざわざ大学まで訪ねて来るというのは、しかも関西からは初めてでした。

田中：松尾さんと一緒で、当日に備えて面接の準備をしました。でも、準備した内容は一切聞かれませんでした（笑）。「長男やから将来は和歌山に帰る気やな」と聞かれて、帰ると答えると不採用になると思い、「帰らない」と答えました。他には、一人暮らしで自炊しているのか、得意料理は何かと質問されました。どうやらこの質問は当時の定番のようです。私は「焼き飯が得意です」と答えると「そんなん料理じゃない」と返ってきました。何でうちの法人なのかということも聞かれました。ホームページを見た感想を答えました。あと、これは笑い話なのですが、当時のホームページに食事はバイキングを取り入れていると書かれており、その話をすると「そうやねん」と盛り上がったのですが、実際はやっていなかったのです。おそらく「食事」がポイントだったのだと思います。「食」に対して強いこだわりがあることは、当時から今も変わっていませんね。

3月1日から試用期間が始まると森脇さんから連絡があり、早いなと思いながらも行きました。僕らみんな素直だったので（笑）。当時、優秀な子は岩岡に行ってそれ以外はおおぎに配属されるという根拠のない噂がささやかれていました。私たち東洋介護学科の3人はおおぎに配属になりました。3か月の試用期間が終わってみんなで飲みに行ったときに、お給料の話になり、話がかみ合わないなと思って聞くと岩岡の方が高かったのです。思わず、「やっぱり」と思いました。

森脇：当時は、まず六甲福祉会で試行して千種会にという流れがありました。そのため、給与体系の整備も岩岡の郷で先行して行われていました。その当時は、まさに給与制度を改変する過渡期だったと思います。

ただ優秀かどうかで配属が変わるという噂は、私も今初めて知りました（笑）。

田中：友達と一緒だったので、働き出しても学生気分が抜けていないところがあったのかなと思います。特にストレスを感じることもありませんでした。当時はまだ法人もこじんまりしていてシンプルで人材不足で大変という感じでもありませんでした。神戸は行ってみたかったところでしたし、おおぎの郷も綺麗でしたし、とても働きやすくいい所を紹介してもらえたと1年ぐらいは過ごしていました。

岸本CEOをどうみているか

森脇：仕事を始めて15年～16年目になってきて、千種会や岸本CEOに関することでとても印象に残っていることはありますか。

長友：私は千種会に来るまでは、従来型特養しか知りませんでした。千種会に来て、当時新しくできたユニット型の特養を見て、何て綺麗なところだと思いました。その部屋代が1日5000円というのを聞いてとてもプレッシャーでした。5000円払っているお客様なんだと。これまでの考え方が通用しないと思いました。脱線しますが、転職して神谷さんと働くようになり、率直に「負けたな」と思いました。同じ時間が経っているけど、自分とのケアの質に大きな差を感じました。その時に、自分は介護職での勝負は無理だと思い、相談員の方に進んだのかもしれないです。

森脇：その当時そのような話はお互いしたのですか。

長友：したと思います。

森脇：Ｌｅｓ芦屋でアルバイトをしている学生さんで、就職面接を受けてくれた人がいるのですが、ここに来て神谷さんをリスペクトして受けたといっていました。

さて、甲南山手から高価格帯の施設展開が始まったわけですが、窓口としての相談員はかなり苦労したと思います。何か印象に残るエピソードはありますか。

長友：入居相談センターに配属になって、岸本ＣＥＯから今日の成績はどうかと聞かれ報告する際に、「おおぎの郷を1件取ってきました」と報告すると「待機者が多い従来型特養を取ってきて俺が喜ぶと思っているのか」と怒られました。私は褒められると思って報告したのに、そのように言われたのを覚えています。とても大変だなと思いました。

松尾：岸本ＣＥＯが常に言われている「料金に見合ったサービス」を提供するという発想が自分にはなかったので相談員になった時に苦労しました。従来型の介護職として長く働いていたので、お金のことなど何も知らなくて相談員になりました。そしてその料金体系やそれに見合った、否、それ以上のサービス提供が必須だと聞き、そのことに驚き、また、プレッシャーを感じました。やっていくうちに、岸本ＣＥＯが言われていることが理解できるようになってきました。16年目に入り、千種会が変わっていくところを間近に見てきたと思います。入職したころは他の施設とあまり変わりがなかったと思いますが、今は清潔で洗練された空間を演出することを大切にするように変わってきたと思います。そのことを理解するまでに少し時間がかかりました。今にいたるまでにいろいろ葛藤がありました。

森脇：他の人も同じようなエピソードはありませんか。このやりとりは相談員が多いかもしれないです。

田中：私はデイサービスセンター「甲南山手」の立ち上げのときに、オープニングスタッフに加わりました。最初に、フィットネスクラブのようなマシンと、吊るした紐で体操をするというデイサービスのイメージを聞いた時は、まったくイメージがつかめませんでした。実は、デイサービスの立ち上げメンバーになったのは、ＣＥＯの勘違いから始まりました。いきさつは、ＣＥＯから新しいデイサービスのイメージを聞いたときに、フィットネスクラブのように感じて、「行ってみたいです」つまり、そんなデイサービスセンターなら、自分が利用してみたいですという意味で言ったのを、オープニングスタッフとして行ってみたいと勘違いされたんだと思います。後日、デイサービスセンター「甲南山手」の立ち上げをやってみるかと言われ戸惑いました。でも結果的にやってよかったなと思います。当時はそういったデイサービスが無かったので、ケアマネの反応は「そんなの高齢者が利用するわけない」という感じでした。なので営業はとても大変でした。今考えると、うちの食事やアメニティ料金が高いということはありませんが、当時のデイの相場が食事代500円だったのに、甲南山手は800円でした。高いと言われ6月1日のオープンは登録人数5人のスタートでした。1日1人しかいない日もあり、岸本CEOに毎日の利用者人数を報告して怒られていました。

大変だった特養「甲南山手」の立ち上げ

森脇：甲南山手の立ち上げは本当に大変でした。高価格帯と初のユニット型、またデイサービスなどの変わった体系、減免の取り扱いの問題など営業にとても苦労しました。みんな病気になりそうなぐらいでした。

田中：同じ立ち上げメンバーの秋吉さんは同士のような感じでした。毎日岸本CEOから「秋吉！」「田中！」と、その声が施設内に響きわたるぐらい大声で呼び出されていました。

森脇：その当時、松尾さん神谷さんは、まだ岩岡でしたね。甲南の立ち上げの話など聞かれ、新規事業に興味を持ったり、異動したいという希望はありましたか。

松尾：異動は声をかけられるものだと思っていました。3年5年など一定期間したらみんな声を掛けられて異動していきましたけど、私はまったく声がかからなくて不安になりました。辞めようかなとも少し思っていました。でも、いずれにしてもこのままではと思い、まずは自分から岩岡内での異動を希望したりもしました。千種会に異動してからはいろんな経験をさせてもらいました。甲南山手は一番大変な気がします。

森脇：甲南山手がターニングポイントというか

田中：毎日夜中の12時まで働いていました。12時が終業時間という感じでした。やりがいはあったと思います。営業活動もスタート時点の甘さがあり、集客に苦労しました。岸本CEOも、一緒に12時ぐらいまでパンフレットなどのツールづくりや営業のポイントなどの戦略を考えて下さり、楽しくもありました。それがうまくいって集客につながるというところは楽しかったですし、1か月25人の契約を取ったり、一気に反応が出てきたときは達成感がありました。こんなデイサービス誰が来るのと言われているなかで、お客様が増えていく感覚は楽しかったです。

今までと違った営業活動を

森脇：いろいろなことに苦しみながら、今までの社会福祉法人の従来型の事業と違うやり方をしないと行き詰まり、『経営』という視点から企業的な考え方を取り入れていく必要があったと思います。

田中：そうだと思います。実績報告会も当初は取組が中心で数字にはまったく触れていませんでした。

塚口：営業活動とはどのようなやり方ですか？

田中：まだアナログでしたが、地図をつなぎあわせて居宅介護事業所と在籍のケアマネジャーの人数を調べて、うちの事業形態的に要支援の方に対象を絞り、地域包括を持っている所を地図に落とし込んでいきました。そして、甲南山手から半径このぐらいの営業範囲が送迎可能なのではないかと検討したり、ケアマネの在籍者が多いからここに営業を掛けるのが有効ではないかを検討したりしました。今はタブレットなどで可能ですが、当時は地図を広げてやっていました。

塚口：洗い出したところを個別訪問するんですか。

田中：個別訪問しました。あとはあまり成果がありませんでしたが、クリニックにデイサービスのチラシを置かせてもらいました。

当時、甲南山手は高価格帯という位置づけだったので、六甲アイランドや芦屋の山手などに自分たちの足でポスティングをしたりしました。これは反響があり、それも成功した要因だったのではと思います。戦略を立てるのが楽しかったです。

塚口：今までやったことのない仕事ですね。

田中：そうですね。このような仕事をまさかするとは思っていなかったです。

塚口：田中君がその仕事をして楽しいと感じた。そのように思わせる岸本ＣＥＯのやり方も独特ですね。普通だったら嫌になって辞めていったりする可能性だって考えられます。

田中：辞めようと思ったことは何度もありました。踏みとどまれたのは、周囲の力もあると思います。まだおおぎの郷にいる頃、松本先生にも辞めたいと相談したこともあります。たまたま松本先生が神戸に来られているタイミングで相談しました。松本先生からは早すぎるからもう少しいるようにアドバイスをもらいました。そしてそれに従いました。

なにせ素直な性格なので（笑）。

岸本CEOに怒られるというエピソードの一つで、今だから笑い話としてお話しできるのですが、私が宿直でデイ甲南のお風呂を使っていた時に、いつもの「田中！」という声が聞こえてきました。途中で出るに出られず、結局お風呂に入っているのを探し当てられてしまい、裸のまま30分ぐらい怒られました。

営業部隊の編成

森脇：長友君が入職したころに、営業を担ってくれる営業部隊が必要ではないかということが具体的になってきていました。施設ごとの入居相談をそれぞれの相談員が受けるという形ではなく、入居相談センターとして、トータルで入居促進を担う営業部隊を作ろうという時でした。それも何もない状態からのスタートでした。

塚口：長友君は営業活動で成長したのではないですか。

長友：それはあると思います。それ以前にも、前の職場に入職したとき同期がいなくて、先輩たちの中に入っていかなければいけませんでした。それまでの人生では、そこまで人との付き合いについて考えたことは無かったのですが、その経験を通じて人付き合いは大切なんだと学びました。

森脇：（先生に）長友君が営業をしているというのは想定外ですか。

塚口：そうですね。学生時代は話すのも苦手で、少し引いて見ているタイプでした。

松山：長友君は学生時代１人２人の少人数でいるタイプでした。

塚口：ここでは田中君だけが介護を学んで卒業しました。他の人は介護の本質なんて勉強していません。

森脇：初めて岩岡の郷に来られた時は大変だったのではないですか。

松山：大変でした。使用する備品の名前もわからないような、まったく知識のない状態でした。専門学校から来た人たちはそれが普通にできている状態だったので、周りからはそのようなことも知らないのか、ということを言われました。加えて、言葉がおかしいとご利用者様に言われ話せなくなりました。ただ、宮崎弁は丁寧に聞こえているようでした。関西弁は怖く感じ言葉の壁がありました。

松山泰三氏

ホスピタリティとはなにか、を学ぶ

森脇：入職してきた時の施設と今の施設のここが大きく変わったなと思う所はありますか。

田中：変わったのはホスピタリティでしょうね。昔は、金髪に近いような髪をしている人がいたり、親しみを込めていたのか少しなれなれしい言葉遣いの人、服装もユニホームを着崩したようなだらしない人が多かったです。

森脇：清潔感や身だしなみは徹底的に改善しようと取組みました。

長友：前の職場では私服の人もいて、それが嫌だったので、こちらに来てみんながきちっと制服を着て身だしなみを整えているのを見て、清潔感があり千種会の方が気持ちがいいと感じました。

塚口伍喜夫氏

塚口：先日岸本さんと対談した時に、ホスピタリティということで金髪や無精ひげ、ヨレヨレのTシャツで高齢者の介護をすることが良いのか、という問題提起をされていました。それは他の施設ではないと思います。高齢者だけでなく、障害者福祉の現場でもそれが当たり前の状況です。それは当り前ではないと、それは介護をされる人にとってとても失礼なことではないかと、岸本さんは言われていました。そのことについてどのように思われますか。

長友：仕事を聞かれて福祉と答えると「偉いですね」という反応が返ってくることがありますが、いつも微妙な心持ちになりました。ボランティアのような要素が強く、身なりなどについても例えば茶髪でも仕事ができるような所だろうと思われているようで。そのようなことから岸本ＣＥＯが言われているのはこのことかと思いました。

田中：自分は、ＣＥＯの言われていることには疑問を感じず、むしろ当たり前と思っていました。甲南山手がオープンした時に、岸本ＣＥＯにリッツカールトンホテルに連れて行っていただきました。岸本たか子理事長と娘さんもいらっしゃって一緒に食事をすることになりました。その時、下座の椅子に座ろうとしたら、ＣＥＯからソファーに座るように指示され、「その席が一番スタッフが見えやすい場所だから、動きをよく見ておけ」と言ってくださいました。身だしなみやどんな動きをしているのか。そういうプロフェッショナルを目指していくということを理解しやすかったです。

森脇：リッツカールトンホテルを一つの見本としているところがあります。先程の長友君の話に私も思うところがあります。介護や福祉の仕事をしていると言ったときの一般の人の反応は「偉いですね、大変ですね」です。その後に声には出てこないですが「私にはできません」というのがくっついているような気がします。一般の仕事と介護の仕事をまったく別のものというように良い意味でも悪い意味でも捉えているのではないかと思います。CEOとしては、そうではなく一人の企業人としてスタッフのみんなが社会のなかで受け入れられるような職場にしたいという思いがあります。それをやろうとしたら中途半端なやり方では無理です。何かしら突き抜けないとそれを実現することは不可能ではないかという思いがあったと思います。少しでも本物やよいものを見せて触れさせたいと考えています。

秋吉さん、当時は大変だったと思いますが、甲南山手の立ち上げのエピソードは何かありますか。

秋吉：今は笑い話ですが、当時はとても大変でした。CEOから名前を呼ばれると逃げ出したくなるぐらい追い詰められていました。毎日怒鳴られていました。

岸本CEOの「指導」の評価は

森脇：CEOは、あのときに比べると丸くなったと思います。みなさんから見て、岸本敦CEOはどんな人ですか。

田中：私は営業戦略を立てる時でも、データなどの根拠がないと動けません。そういうものの積み上げげで今後の方針を決めていく理学療法士の特性もあるかもしれませんが、CEOの場合、根拠は「自分」だという感じです。私は、そのようなところが腹立たしく思うこともあり、間違ってたら間違っていますよと言えるのですが、悔しいことにCEOの戦略は合っているのです。私にはそのような決定の仕方はできないです。CEOだからLes芦屋ができたのかなと思います。データとか根拠を積み上げていくとLes芦屋はできていないかなと思います。

秋吉範子氏

秋吉：甲南山手を開設したときに、CEOが減免制度の弱点を踏まえて「ケアマネなのに何でこのことが理解できないのか」と言われていました。たしかに最初は、私たちもＣＥＯが言われていることを理解できていませんでした。当時は仕事だからやらないといけないと思ってこなしていましたが、年数が経つうちに「このことか」と理解できるようになりました。オープン当時は周囲の理解を得られなくても3年ぐらい経つと施設の良さを理解されるようになり、満床になったとき「間違ってなかったのだ」と思うようになりました。

森脇：はじめは受け入れてもらえないところがありますね。

松尾：ついて行くのは大変ですけど、結果がでてお客様が喜ばれているので良いのかなと思います。

秋吉：サービスが周りに受け入れられるまでに時間がかかります。

森脇：そうですね。前例がないことにチャレンジしているというところで時間がかかるのかもしれないですね。

森脇：松尾：強引なところもありますが、その分ひらめきもあると思います。

森脇：ひらめきというかアンテナを張り巡らせておられますね。1つのキーワードとしては名門のゴルフ場のようなサービスが提供できる場所になりたいという思いがあるのではないかと思います。「保守的」という言葉にそれが表れていますが、敢えて敷居を高く

するという考え方を好まれます。福祉だからということで妥協したくないという思いが強いですね。
秋吉：他がやっていることと同じことをしても意味がないと思われているのではないかと感じます。
田中：それはありますね。
森脇：面白いと感じたら、他がやっていない新しいことにもチャレンジされます。その一方で、根底にはクラシックな考え方が存在します。最近、そのクラシックさは田舎の文化のようなものがベースになっているかもしれないと感じるようになりました。
田中：CEO語録みたいなのがありますよね。例えば、「人と同じことはやったらあかん」。
長友：「人と真逆をいくから唯一の存在になれるんだ」とかはよくおっしゃいます。
松尾：スマートカジュアル。
長友：CEOと飲む機会があって、その時ホトトギスの話になって、CEOは鳴かぬなら殺してしまえホトトギスを選択されて、やっぱりなと思いました。信長のように情が深いと感じています。
田中：戦国武将好きですよね。私も信長っぽいと感じます。

森脇：情みたいなものを感じるときはどんな時ですか。
長友：最近よく泣いていますよね。
森脇：もともと涙もろいのかもしれませんが、面接のときにも、話しているうちに思いがあふれて最近よく泣いていらっしゃいます。
松尾：理不尽なことを言われることもありますが、人のことをよく見ていて相手の思いを大切にしてくれたりします。
秋吉：厳しく言った後に、そのことを少し気にされているところがありますね。
松尾：みんなの前では厳しいことも言われますが、後で個人的にフォローの言葉かけをされます。
松山：私もさっきは言いすぎたというような内容の折り返しの電話をもらったことがあります。はじめてのことでその時は驚きました。森脇さんがフォローしてくださったのかと思いますが。
森脇：一般的にトップの人は自分の間違いを認めたがりませんが、CEOの場合は、間違っていたと思ったら素直に謝られます。ここはすごいなと思います。
松尾：そのような姿がたまに見えるから、続けられるのかもしれないです。

森脇：こんなことがあったら辞めてやると思うことはありますか。

田中：甲南山手の立ち上げのときはいつも思っていました（笑）。

秋吉：私もです（笑）。

田中：先程のポスティングの話で、チラシの準備を秋吉さんと話しながら進めていたら、「なに秋吉とニコニコ話しとんねん」と怒られました。あのときは「そこ⁉」と思いました。

森脇：エピソードにものすごく人間味が感じられますね。

ではここをもう少し直して欲しいと思う所はありますか。

長友：「ええよ」と言っていたことが、急にひっくり返るところですね。

田中：しかもＣＥＯから言い出したことだったりすることがあります。

困るのは、ＣＥＯが一方的に話されていて、私が返答に困り「はいそうですね」と返事していたら、後日、別の人に、「田中も言うてた」と説明されているときがあります。

全然思っていないのに周りに誤解されることがあります。

松尾：興奮されて話されている時の暴言です。私たちは慣れていますが、他のスタッフはびっくりするので改善して欲しいですね。

森脇：みなさんは付き合いも長いので、直接やりとりすることがあって、分かって対応している所があると思いますが、部下など他のスタッフにCEOからこのような指示があったと説明する時の苦労などありますか。

松尾：噛み砕いて、噛み砕いて説明していますね。

長友：お金のことについては説明しにくいですね。

松尾：スタッフはお客様に良いサービスを提供することが一番で、なかなかお金と結びつかないので難しいですね。特に従来型の施設で働いていた職員が入職してきた時に今までと同じようなサービスを提供しがちで、感覚がまったく違います。いただいている料金に見合ったサービスとはどのようなものか考えてもらうことが一番難しいと思っています。

森脇：そのことについて工夫していることはありますか。

長友：Ｌｅ ＭＯＮＤＯで月１回スペシャルランチを提供していますが、厨房スタッフに自分たちで収支を含め内容を考えてやってもらうようにしています。その管理の中で、月の売り上げが右肩上がりになっていると、やはり嬉しいようです。そこから積極的に取り組むようになり、スペシャルランチのオプション料理が増えているといったところです。厨房スタッフも楽しんで取り組んでいると感じています。また、お客様の送迎費用についても、料金設定を明確にさせていただいたことで、対価に応じたサービス提供をより心掛けるようになりました。サービス＝奉仕ということではなく、「お金をいただいて提供する」ということが、お客様との関係をより対等にするようにも感じています。

森脇：この仕事に携わる人は、奉仕の精神が基本にあるので、サービスを提供して対価をいただくという考え方を落とし込んでいくことは大変だと思います。さらにいえば、お金を頂いているから対価以上のサービスを提供しなければならないというのが千種会の中にあるのかもしれません。

塚口：岸本さんがお金の話を付け加えてするときは、相手は昨日今日入ってきた職員ではないですね。管理的な責任を負っている人達に対して言っているので。これはものすごく大切ですね。一つ一つのコストをどのように見て、この事業を展開しているのかということを一般の職員は見ていなくても、少なくとも管理職に近い立場の人たちはしっかり見ておかなければいけないでしょう。それが見えない管理職は信用されないですし、そのところは、厳しいようだけれど、自分はそういう立場になっているということを自覚しておかないといけないでしょう。

岸本さんのように怒ってくれる人は、あんまりいないと思います。電通で女性職員が自殺したことを契機に「電通鬼十訓」を取りやめました。そのことによって電通の前進力が衰えるのではないかと思います。介護の事業でも他の社会福祉法人と競争していかないといけないときに、自分がそこの管理職の一員としてどのような対応の仕方をしないといけないかということを見ておかないといけないですね。パワハラすれすれですね。

今でいうとパワハラだと言われるようなことをいっぱい私たちもやられてきて、成長してきた面がある。そんな軟いことばかり言っていて人間成長するのかな。どのように思いますか。

長友：私もそのように感じます。厳しく言いたいですが、言うとパワハラと言われますし。

松山：管理職として、自分がどのようなスタイルを目指すべきか、もっと威厳や貫禄をもってみんなを引っ張っていかなければと悩んだ時期もありました。一度森脇さんに相談した時に、「松山君のキャラクターの良さはもっと別のところにあるから、そっちはやめとき」と言われましたが（笑）。

でも確かに、最近は、やりとりをメモや録音に残していたり、裏に弁護士いるんでといってきたりいろいろな職員がいます。自分たちの時代は、先輩に厳しいことも言われましたが、それによって自分が成長した部分もあるし、正直今の管理者はどのようなタイプが良いのか悩みますね。ＣＥＯがおおぎの施設長だったとしても、上手くいくところと上手くいかないところがあると思います（笑）。

自分がどのようなスタイルでやっていくのか、今は自分の個性に合わせて伸ばしていくのが良いのかなと思っています。

塚口：先日対談した時に思いましたが、岸本さんに一貫しているのは、ホスピタリティをどのように提供するのかを追及されていることでした。いろいろあると思いますが、そこにブレがありません。これは他の法人にないことかなと思ってそのことを記録したりしています。そこのところは大事ですね。勝手なことばっかり言ってと見ることもあるのかもしれませんが、その底流が何かということを探る、中間管理職は上と職員集団の板挟みになります。それはしかたないこと。板挟みになったところで上手くかじ取りしていくことが期待されているのです。

松山：同業者の人たちの話を聞くと、やはり赤字をどのようにしたら良いかという話題は多いです。なかなか新たなサービスを作って料金を取るという発想には至りませんが。この業界でも、最近ようやくホスピタリティやマナーも大切と言われはじめていますが、CEOは、何年も先行してそれを言われていました。何歩も先を行っているので周りに理解されませんね。どうしても、一般的には制度の中でどうするかという思考に留まりがちです。CEOのようにサービスを提供して対価をもらうという発想が大切だと感じています。

塚口：与えられた条件の中だけで物事を考えればそれまでですね。そこは大事なところだと思います。

森脇：今はちょうど過渡期なのですが、これからそれぞれの立場のなかで、自分は千種会で今後どのように働いていきたいか、またこんなことにチャレンジしてみたいというようなことはありますか。

長友：千種会がどんどん大きくなって、周りから千種会で働けているのを羨ましがられるようにしたいですね。

松尾：ホスピタリティを極めたいと思います。以前から取り組んでいるので、他の法人より良いのかもしれないですが、まだまだ改善できるところがあるので先頭に立って極めていきたいと思っています。

松山：福祉の大学を出て福祉業界に進むことを祖父が良く思わなかったことが未だにショックで、実家に帰って仏壇の前に座った時に、今の自分の姿を見てもらいたかったとよく思います。一般の方は実際に利用するようにならないと、介護や福祉の中身についてあまり知りません。私は、直接サービスを利用されない方にも、もっと身近に施設を感じて頂けるような活動をしてみたいと思います。いろいろなサービス提供コンテンツを持っている法人はそんなにないと思うので、一般の方にもそれを活用して頂くことから、地域社会に根付いていきたいです。

田中：神戸市東灘周辺で千種会の認知度が高くなってきています。大きな法人はフットワークが軽くないが大きなパワーを生み出せると思います。私が理学療法士になって感じるのは、健康な時からしっかり自分をケアすることが大切だということです。理学療法上としては障害をもつ前の予防に力を入れていきたいです。そういうところから、地域の健康寿命を延ばすような活動ができないかと思います。私が一人でやりますと言っても、一緒に動いてくれるところは少ないかもしれないですが、千種会としてやっていくことで周りも動かせるのではないかと思います。今回、保険外リハビリを一つの部署として動かすことになり、やはり個人事業として行う場合と比べて多くのメリットを感じます。さらに、このような事業が、地域を巻き込んでムーブメントを起こすような法人になっていけたらいいです。それに理学療法士として関わっていきたいです。私は、千種会はそれができる法人だと思います。他の法人であれば、そのような考えに至らず実現できないかもしれません。千種会は現にそのような動きをとっています。そんなことができる法人で働けていることにやりがいを感じています。

神谷：人として、今まで以上にお客様のこれまでの歩みや生活を理解して介護をしていきたいと思います。法人全体の介護専門職のスキルを上げて、チームとして一人一人に合ったケアの追及を目指したいと思います。

森脇：そのことは千種会のなかでもすごく大切だと思っています。私はみなさんと違って直接現場に関わっていないので余計にそのように感じるのかもしれませんが、世の中で人の人生にダイレクトに関われるのは介護の仕事じゃないかと思います。今まで接したことがないような人生経験や生活歴を持った方がたくさんおられ、自分たちより何十年も長く生きてこられた方々から受けるエッセンスは他に代え難いです。そういった意味で、恵まれた仕事をしているというように、スタッフの皆さんには感じてもらいたいと思っています。新卒で入職してくる人にも、介護の仕事は自分自身の成長や成熟の可能性がある仕事だということを伝えていきたいです。

私は、本当のハイクオリティは、ただ贅沢なだけではないと思っています。特に、Ｌｅｓ芦屋などは、外から来られた方から見ると贅沢で高級な印象だけが先行してしまいます。だからこそ、そこに至った意味を伝えないと、うちの価値やサービスが伝わらないと思います。それを伝えていけるスタッフを法人内で増やしていくことが大事だと思います。そういう意味では、みなさんが新しく法人に入職して来た人たちに、法人のことをどのように伝えていくかが重要ですね。

塚口：田中君が話をしたことでいうと、将来施設サービスを利用できる人が高齢者のうちの数パーセントとみています。ほとんどは在宅で自分の蓄えを使いながら、在宅の介護保険サービスを使いながら何とか暮らしていくという生活をされる方が大半でしょう。そうすると、施設経営をしている社会福祉法人が将来もっと地域に打って出る戦略を立てることが必要だと思います。各地域で町づくり会議などボランタリーな活動で在宅高齢者を支えていますがそれでは間に合いません。これが一つ。もう一つは、これからの高齢者の介護事業をみると、施設か在宅かのこの２つの選択肢しかありません。この２つでいいのか。在宅でもないが１００％施設サービスを受けているわけではない中間サービスがあってもよいのではないかと思います。近いのはグループホーム。ですがこれからこういうのが大事だと千種会の幹部のみなさんが検討して、そういうサービスを生み出していくことが、将来に亘ってものすごく大事になってくると思います。在宅か施設の二者択一を求められても。本当に高齢者の生活のなかからのニーズがどのようなものなのかよく見極めて、どこかの社会福祉法人がその試みをしていくということがあってもよいかなと思います。

森脇：私たちの母体は社会福祉法人ですが、さまざまなニーズに対してその枠の中だけでは収まらない部分も出てきます。これに対してCEOは、社会福祉法人の枠をはみ出した部分も含めて包括的にやっていこうという考えです。その一つに、田中君がやっていこうとする保険外リハビリがあります。将来はみんながそれぞれ独立して周辺事業に責任を持っていくという形でも良いのではないかと思っています。

塚口：今の若い人とは言わないですが、壁にぶつかるとすぐに辞めようという発想になります。これはダメですね。壁にあたったらあたっただけ自分を強くして、これからのサービスの展開をどのようにしたらよいのかという展望を見つけ出していくような根性がないと。すぐに辞める人にはすぐに辞めろと言いたいですね。みなさんは辞めずにきている、これは力だと思います。

　昨日の新聞を見ていると、京セラが税金を納めるのをサボって摘発されています。京セラを作った稲盛さんが「稲盛塾」を開いて経営のあり方について提案をされているのですが、稲盛さんが京セラを立ち上げたときに「目から鼻に抜けるような一流大学を出てきた人を大事にしないといけないと思ってきたが、彼らはすぐに転職してしまう。京セラを支えたのは三流や四流の大学を出てどうにもならないと思っていた社員たち。だから人の見方は一面だけでみてはいけない」ということを言っておられます。長友君のように勉強をあまりしなかった子が頑張っているわけですね。だから一人一人の可能性というのはいっぱいあります。それを自らどう引き出していくかということを考えながら、自分の部下や周辺の人達の可能性をどのように引き出していくかということを考えることが、これからのあなたたちの役割だと思います。

野嶋：私はかつて兵庫県社会福祉事業団にいました。事業団は大きくしっかりした組織で職員も長く勤めておられます。そこに力があると思います。みなさんも岸本さんのもとで長年勤めておられます。そこには岸本さんの魅力や組織の良さがあるから続けておられるんだと思います。昔、社会福祉法人に勤めておりましたが、そこでは十何年も勤めている職員はいませんでした。みなさんは幸せな部分があったと思いますし、みなさん自身が頑張って来られた部分もおありでしょう。介護偉いねだけど自分はしたくないよという世界ですね。この世界をこれから介護の世界に入ってくる人たちを育てていく仕事が大切だと思います。介護の仕事に携わる人を社会に誇れるような人材に育ててもらいたいです。

ＮＰＯ法人で実務者研修を実施して４年目になります。だんだん質が落ちてきています。質は落ちてくるかもしれませんが、その人達に動機付けし育てていくことが大切になってくると思います。そうすると社会の評価も上がってきますし、介護福祉士の人達が社会に出ていって地域を巻き込んだ仕事ができるような存在になってくれたらいいなと思います。

後に続く人たちにメッセージを

森脇：みなさんが職員やこれから入職してくる人たちに向けて、千種会にこんな思いを持っているからこれから一緒にやっていこうというメッセージをどのように伝えますか。

田中：千種会は、常に新しいことに挑戦している法人なので多くのポジションがあります。そして、ポジションにより人が育つ部分があると思います。もちろん壁もありますがそれを乗り越えた時に苦労した分楽しいなと感じられるので、いろんなことにチャレンジしたいと思っている人は千種会にくるべきだなと思います。

松尾：どこに依頼しても希望通りにならないときに、自らサービスを作ってしまえばいいという発想になる法人。堅くてまじめな人にとってはつかみどころがないと感じるところがあるかもしれませんが、自分がこうしたいと発想したことを実現できる可能性は大きいです。挑戦したいと思ったことはどんどんやっていけます。何かしたいと思っている人は一緒に働いていきたいと思うし、そうじゃない人も変われるきっかけがつかめる所だと思います。

長友：職員の中には千種会のことを悪いようにとっているところがある人もいます。チャレンジを応援してくれるところなので、それをみんなに伝えたいと思います。いろいろな発想を出していって職員も楽しく働けて、お客様に喜んでもらえるようにしていきたいです。

神谷：今日みなさんの意見を聞いて改めて成長を感じました。私はこれからも、それぞれの個性や良さを伸ばし、弱い部分はフォローしながら一緒に働きたいと思っています。

松山：仕事は何でも大変だと思いますが、お客様との楽しいエピソードや苦労しながら壁にぶつかったりした話を通して、福祉の仕事の楽しさや面白さを伝えたいですね。

郷田：千種会を去ってしまいましたが、千種会しか知らない中で、1年ごとに新しい施設の立ち上げに関わるめまぐるしい14年でした。良い経験をさせていただいたからこそ、他の法人に行ってここからと思うこともあるし、仲間がいない状況で自分がどのように仲間を作っていこうかと模索しています。千種会を目指すことはできないと思いますが、良い所は取り入れていくことも含め、働いているスタッフには介護が好きでやりがいのある仕事だと思ってもらえるようにしたいです。ご利用者、ご家族、職員と関わる対人サービスは神経もすり減り楽な仕事ではありません。きちんと介護福祉士の資格をとってもらい意義を学んで心意気を持って働いてもらえる法人にしていきたいと思っています。近い法人ではあるので今後も協力しながらいきたいです。千種会の先輩方は皆さん良い人なので、私を見捨てないと思います（笑）。ここからまた頑張りたいと思います。

森脇：**長時間にわたって、いろいろな思いや意見を出していただき有難うございました。この座談会を通して、私から言うのもおこがましいですが、この法人の将来は輝いている**

ように感じました。強力な個性でリードする岸本ＣＥＯのもとで、ＣＥＯの大きな支えとなって頑張ってこられた皆さんに改めて感謝申し上げたいと思います。

この座談会に終始お付き合いくださいました塚口先生、野嶋さんにお礼を申し上げこの会を閉じたいと思います。

第Ⅲ部

岸本 敦 論文

社会福祉法人の提供するサービスはこのままで良いのか

『社会福祉法人の今日的使命』平成26年1月、リベルタス・クレオ刊行より亡き父が、故郷に特別養護老人ホームを創設しなければ、自分の人生は福祉施設とは無縁だったかもしれない。

この仕事を始めたばかりの頃、すべてが戸惑いの連続だった。

およそ自分には福祉らしさがない。自分の常識は往々にして福祉の非常識だ。

そのためか、今でも制度の壁にぶち当たる。

それでも、自分が信じる価値を追い求めた結果は、確実に実りつつある。

この仕事において、自分は「洗練」という一つの価値を求め続けている。

それは、単なる贅沢ではなく、暮らしを整え、人生を慈しむ気持ちに支えられた価値だ。

スタッフを含め訪れるすべての人とその価値を共有することこそが、自分の目指す「未来型施設」である。

1．老人ホームの役割は変わった

少子高齢化の進行に伴い、私たちは老後の生活や住まい方について多くの課題を抱えている。住み慣れた在宅で終末までを過ごすことは誰もの願いであり、国の施策も在宅サービスの利用を推奨する方向だ。とは言え、施設サービスのニーズは相変わらず顕著であり、高齢者世帯が増加するにつれて、そのニーズは今後も更に高まりを見せると予想される。

ゴールドプランが開始された当時は、まだセーフティとして捉えられていた特別養護老人ホームも、介護保険の導入を経て、誰もが利用する可能性のある「普遍的（全体的）」な存在となった。

そして、普遍的なニーズに対応するようになったがゆえに、施設におけるケアも「多様性（個別性）」を求められるようになった。中でも、個人ごとの「住み慣れた土地の文化水準」を維持することは、年々その重要度を増しているように感じられる。

(1) 本当の地域密着を考える

私が経営する社会福祉法人千種会は、「特別養護老人ホームちくさの郷」「特別養護老人ホームおおぎの郷」に続いて、平成17年に「特別養護老人ホーム甲南山手」の計画に着手し、初めての地域密着型小規模特養へのチャレンジだった。この施設ではこれまで以上に、あらゆる面において高い生活水準による快適さを追求しようとした。なぜなら、そこに最高の立地条件があったからだ。

安田生命の社員寮跡地であるその土地は、利便性に富み、生活環境の水準も高かった。この土地で生きてきた人に、「住み慣れた土地の地域性」を担保するには、生活の質に妥協は許されないと思っていた。

また、この事業によって初めて土地の価値というものを意識した。当然生活条件の良い土地は価格も高い。土地代の回収までは見込めなかったが、それでも良い場所に施設をつくることを選んだ。

この施設の利用料は、当時のホテルコストの基準としては、頭一つ突き出るものとなった。その料金に見合うサービスの提供を自らの使命と受け止め、徹底的な経営改革に乗り出したが、道のりは平坦ではなかった。

まず、補足給付の壁にぶち当たった。後に詳しく述べるが、蓋を開けてみれば自己負担の上限額を定められた減免対象者の多さに愕然とした。実際の利用料と自己負担限度額の間を補填するため補足給付が設けられたが、これには給付の上限があり私たちが設定したホテルコストには届かない。入居者の大半が減免対象者となれば、資金繰りはたちまち立ち行かなくなる。

今までのように、土地は無償貸与、施設建設費の約4分の3は補助金で賄われることがなくなった今、この制度の中で本当に良いものは創れるのかと大いに不安を感じた。

この補足給付が、この度見直されることになった。

(2) 補足給付のはじまり

平成17年の介護保険制度改正で、食費と居住費が自己負担となった。これにより、経済的に特養等を利用出来なくなる対象者が出ることを防ぐため、所得段階に応じた補足給付が施行された。この2年後、神戸市東灘区内にオープンする「特別養護老人ホーム甲南山手」の入居に大きな影響を及ぼすことになったのは、前述の通りだ。

この時、減免対象者の多さに一つの疑問を持った。

減免による補足給付の基準は住民税が非課税かどうかだ。預貯金や固定資産などは勘案されない。また非課税の障害年金や遺族年金は収入としてみなされない。その上、家族と切り離して住民票を施設に移せば、たとえ所得のある配偶者や子供がいても減免対象となる場合がある。特養の入居者は、6割以上が女性である。女性の場合は、家族と世帯を分離した結果非課税となることが多い。そのため、私たちの法人においても、既存特養の入居者のうち約8割が減免対象者となった。

このようなルールでは、例えば親の年金をあてにしながら暮らしてきて、介護保険になった途端に世帯を切り離すような事例も起こりかねない。

(3) 補足給付の見直し

その補足給付が見直されることになった。正直「ようやく」という気持ちだった。この見直しでは、主に個人資産の取り扱いと世帯分離の適用範囲という、まさに疑問を抱き続けた内容に焦点が当てられた。

日本経済の動向や、少子高齢化を考えれば当然のことだろう。これまで日本を守ってきた高齢者の生活保障は重要であるが、そこには自己責任が伴い、それぞれの努力の結果が反映されるべきである。値段とサービスの均衡を保つことも必要だ。また、支払い能力がある高齢者にまで減免が適用されることで若い世代の生活を圧迫するなら本末転倒だ。そのような社会にあっては、若い世代が高齢者を労わるどころか邪魔者扱いすることにもなりかねない。そうなると、肝心の高齢者にとっても生きづらい社会になる。何よりも、それでは日本という国の文化の質が落ちる。弱者の生活を守りつつも、それぞれの適正な支払い能力の範囲で応益負担をするべきだ。

2．選択の条件は整っているか

介護保険の導入に伴い事業者と利用者が直接契約になったことで、利用者は自らサービスを「選択」できる機会を得た。

ただ、介護保険の導入から十数年が経った今、本当に介護サービスの利用が利用者の完全な選択によってなされているか、検証の必要を感じる。

高齢者施設が、「身寄りがない」「経済的な理由により」など、ごく一部の限られた事情の人たちにとっての場所であった当時は、施設の立地も、山間部や都市郊外など必ずしも便利とは言えない場所が多かった。しかし、高齢者施設が「老後の住まい」として認識されるようになった今、「住み慣れた場所で自分らしく生きていく」ためには、まず自らの生活圏域に施設が存在することが必須の条件と考えられる。そして、身近にある複数の施設の中から、自分の生活スタイルに、より合った施設に出会えることが望ましい。しかし、「必要な場所に必要なだけ」という定義からいくと、必ずしも高齢者施設は充足していない。個々人が人生の終焉を迎える場所として、心からここで生活したいと思える施設を選択できるようになるには、まだまだ多くの課題がある。

平均寿命が延び、現役をリタイアした後の時間も長くなった。その時間をいかに有意義に過ごすかということも、これからの日本の高齢社会の大きな課題である。

誰もが、可能な限り住み慣れた土地と我が家で過ごし続けたいと考えていることは言うまでもない。それでも、終末までの過程において、施設に住み替えを考えなくてはならない事情も出てくる。それは1回に限らず、心身の状況に応じて何度か訪れる可能性もある。たとえば、体が元気な内は、自立型の有料老人ホームに入居したとしても、いずれ介護が必要になれば介護型に移住しなければならなくなり、更に認知症が重度に進行すればグループホームや特養を考えなくてはならない。

その時に、生活圏域を変えずに住み替えが可能となることが理想的であり、更にひとつの組織において終末までをカバーできる施設や設備が整っていれば言うことはない。

このような考え方から、私たちは独自の「地域ケアネットワーク」構想を打ち立てた。それこそが、「地域包括ケアシステム」の原型のようなものである。現在、神戸市東灘区を中心にこれを展開しつつある。

(1) 神戸市東灘区における独自の「地域ケアネットワーク」

同じ地域の中に、少しずつ機能に違いを持たせた小規模の施設を点在させ、医療との連携やその他の在宅サービスと併せて、その人に合った生活を複合的に提供することが、私たちの「地域ケアネットワーク」構想だ。

平成12年の介護保険制度導入と同じ年に、神戸市西区に開設した特別養護老人ホーム岩岡の郷では、保険診療ができる診療所を併設した。ちょうどこの頃、「これからは、医療との連携が更に重要になる」と感じており、また医療は、福祉施設が弱い部分でもあると考えていた。利用者の状態が重度化する中で、しっかりとした医療機能を持ち、外部だけに頼らない体制にしたかった。この時に掲げた『医療と福祉の融合』という考え方が、まさにこのネットワークの中核を成すものとなっている。現在は、24時間365日、必要に応じていつでも医師の指示を仰ぐことができ、日常的にも専門的なアドバイスを得られる体制である。

(2) 社会福祉法人における料金の壁

そのケアネットワークの機能の一つとして、認知症高齢者のケアを担うため、グループホームを開設した。今後、更に深刻化する認知症ケアの拠点となることを目指した。ただしこのグループホームは、本当は平成25年1月にオープンを予定していたが、7月までずれこんだ。

その背景には、ホテルコストに関する神戸市との協議が半年間も難抗したことがあった。こちらの提示は、グループホームと併設デイサービスセンターで単体黒字を目指せるギリギリの料金設定ではあったが、「公共性ある施設として、利用料が他と比べて非常に高額」であるとして認められず、結果、単体では赤字覚悟の事業開始となった。

「誰もが同じ料金を支払って、同じサービスを受けることだけが、果たして公平性の基準か」という疑問が色濃く残った。一等地でのこだわりに富んだ施設の存在は、必要とされていないのだろうか。たとえ料金が高くても、物質的・精神的に豊かな生活をおくりたいと希望する人は、確実に存在する。

（3） 社会福祉法人だから実現できる都市部の中高所得層向け施設

これまでの傾向から考えると、社会福祉法人が経営する特別養護老人ホームなどの施設は、前述したように山間部や海辺など、実生活とは少し離れた場所にあることが多い。また、株式会社等が経営する有料老人ホームなどであっても、本当に便利な街中に開設できる企業は限られている。大手や他業種からの参入企業ならともかく、通常は立地条件の良い場所に開設することは困難であろう。

企業の場合は納税義務もあるため、所得税や固定資産税を視野に入れると、相当な大規模施設を建設するか、利用料をかなり高額に設定するか、経費の中心となる人件費を抑え、これに見合ったサービスを提供する以外に方法がないように思われる。

これでは、住み慣れた場所で、小規模でなじみの関係を築きやすく、丁寧なケアが行き届いた施設に発展させるには相当な努力が必要だろう。

そう考えると、今後本当に求められるべき施設が不足するのは、都市部の、中でも立地条件の良い場所ということになるのではないだろうか。更にそのような地域における中高所得層向けの施設は、経営上最もリスクが高く、企業が手を付けづらい。私はここに、非課税法人だからこそ、担い得る役割があるように感じられてならない。

3. 社会福祉法人の可能性

介護の仕事は「3K」と言われ続けてきた。ここから脱却するには、この仕事を正当に評価し給与に反映させるシステムが必要だ。既に、ボランティア精神によって継続できる仕事ではなくなっている。働く側に物理的、精神的なゆとりがなければ、相当に過酷な仕事であり、そのようなゆとりを生み出すためには、給与設計や仕事をコーディネートするシステム、生活支援など実質的な体制づくりを要する。これらを高めようとすれば、それに見あった元手が必要になる。

だが、現在の制度では、介護にかかる料金を自ら設定することは現実的に難しいので、サービスの中身に関わらず、介護報酬としての収入は一定である。

（1）実質人件費70％の社会福祉法人

現在、私たちが展開する施設において、業務委託費、福利厚生費、研修費を含めた実質人件費の比率は、実に70％以上だ。企業であれば考えられないことであろう。

しかし、この仕事の特性上、「人」に関してはこれくらいの経費をかけるべきであるという実感はある。

私がこの仕事を始めた当初、長く福祉分野に関わってきた職員の感覚に戸惑うことは多かった。例えば、研修にも平気でジーンズで参加する。挨拶や身だしなみなど、社会人としての基本的なマナーを身につけている人も少なかった。

この仕事はながらく働く人の奉仕的精神に支えられてきた。3Kと呼ばれながらも、崇高な仕事として社会に認識されてきた。だが、この世界に入って、働く側にも少なからず甘えが存在することを知った。料金をいただいてサービスを提供する以上、これではダメだと危機感が募った。そして、何をおいても、自分のところで働く人には、人間としてのセンスを磨いてほしい。立ち居振る舞いや身だしなみなどマナーの基本を身に付け、どこに出ても恥ずかしくないレディースａｎｄジェントルマンシップを学び、そこから人としての思慮や深みを増してほしい。

この思いが、今でも「妥協のない清潔さ」や「ホスピタリティ」の追求へとつながっている。いつか、この価値によって施設が評価されるまでに高めていきたい。それが当面の目標だ。

介護に、サービスとしての品質が求められる今、働く人の質も問われている。働く人の質が変わらなければ、中身は変わらない。

そして、高い価値を提供するには、それなりの資金も必要である。

社会福祉法人は、非課税だからこそ、実質人件費に70%近くまで充てることができる。

(2) 社会福祉法人は、得られた利益を社会貢献に還元できる

社会福祉法人の内部留保の問題がクローズアップされている。非課税の社会福祉法人が私腹を肥やしていると解釈される。しかし、この内部留保の中身はキャッシュのみでなく、福祉サービスを提供する上での土地や建物も含まれる。また、経営的な事業欲のない福祉関係者は、これを投下し次の事業展開につなげられていないだけの場合が多い。私たちの法人の内部留保は、そのほぼすべてが事業展開における資本である。また、神戸市より「利用料が他と比べ高額」と指摘されたような施設で得られた利益や価値基準は、従来型の一般的な施

設にも還元できる。施設のグレードに関わらず、同じホスピタリティの基準をサービスに適用することによって、全体的なレベルも向上する。

納税を免除されるかわりに、事業で得られた利益を資本として、品質の向上や新たな介護事業を展開することが、自らの社会貢献だと考えている。

(3) お金を循環させて負の連鎖からぬけだす

「社会福祉」には、「広義の社会福祉」すなわち国民すべての人権と幸福の保障と、「狭義の社会福祉」すなわち社会保障を中心とした弱者救済の意義がある。

これまでの社会福祉法人の担う役割は、主に後者であった。

もちろん、現代においても主たる役割は後者であり、これを保障することに最大の存在意義があることは変わりない。

だが、特に高齢者介護における社会福祉法人の役割を考える時、利用の範囲がすべての国民を対象にしたにも関わらず、担うべき役割についてこれまでの範囲を超えないことに疑問を感じる。これからの社会福祉法人は、セーフティネットの役割を担った上で、更に広義の社会福祉についても、役割の幅を広げていく必要があるのではないだろうか。弱者救済的な考え方から国民すべての幸福追求へのパラダイムシフトである。

広義の社会福祉を考える上では、高齢者だけではなく前世代を包括し、全体を俯瞰する必要がある。たとえ高齢者の生活を保障できても、若い世代が負担に苦しめば国は弱体化する。高齢者にあっても応益の負担をすることが必要であり、それによって経済の均衡も保たれるのではないだろうか。

日本は、１２５０兆円の赤字を抱えている。ＧＤＰが、５００兆円あまりであることを考えると、その約、２・５倍だ。ただし、そんな日本の個人金融資産は、１４００兆円あまりと言われ、世界的にもかなり高い水準を保っている。更に、表に現れない「タンス預金」なるものを加えると、赤字国債の額を遥かに超える資産が国内に存在していることになる。

日本人は「備えあれば憂えなし」という気質を持ち、資産の多くは預金や保険として所有している。そのような資産を所有する割合は、どちらかといえば年配者に多い。年配者であるほど、それらは世に出回らずいつまでも眠り続け、投資や購買行為などを通じて全世代が関与する流通の波に乗らない。その結果、若い現役世代にお金がまわらない。そして、お金が流通せず更に溜め込もうとする。負の連鎖である。

老後の備えのために大切に貯蓄してきた資産を流通させるためには、まずは、これを喜んで投下できるサービスが必要だ。その一つが、老後の住まい方に関連するサービスであることは間違いない。

かつての人生50年時代なら、多くの子供を産み育てて、気がつけば人生の終焉に向かっている。そんな時代とは違い、子育てや仕事の現役を引退した後も、何十年という人生の黄昏時が続く。人生について、自己実現について、考える時間が山ほど残されてしまう。

これからの高齢者施設は、そんな個々のニーズを満足させられなければならない。

私たち社会福祉法人の役割は、自らの強みを生かし、そのモデルとなる事業展開にチャレンジしていくことではないだろうか。日本という国が物心ともに本当に豊かな国になるために、自ら先陣を切っていくことが、その使命であるように思えてならない。

4. ホンモノの価値を目指すには「敷居」も必要

年をとるということは、「体が不自由になる」「外出できなくなる」「気力が衰える」などのネガティブなイメージが強い。今まで当たり前に出来ていた日常生活の動作が衰え、行動範囲が狭まり、自分が社会生活から引退したような気持ちになる。

本来は、年齢を重ねることによってしか得られない精神生活の広がりがある。そして、その年齢における心身の状態を受け入れてポジティブに生きることが出来るはずである。にも関わらず、体に不自由が生じると、自分が社会生活から取り残されたような気持ちになり、これが精神生活の広がりを阻害する。自分は誰の役にも立たない、あまつさえ誰かの世話にならないと生きていけないと感じることは、その時々のライフステージをポジティブに生きることを妨げる。

私たちは、年をとり体が不自由になったら、快適さを求めたり人生の喜びや楽しみを贅沢に求めてはいけないと感じる傾向にないだろうか。更に、老人ホームや介護におけるサービスが、無意識のうちにこのような高齢者の気持ちを助長してしまってはいないだろうか。

現在の介護サービスは、「出来ないことを助けてあげる」要素が強い。これでは、受ける側は、いつでも頭を下げながら、「して頂いている」状態にならざるを得ない。介護現場にもロボットの導入がにわかに進んでいる。現場スタッフの負担軽減からの発想だったが、実は利用者から評価されているらしい。なぜかと言うと、職員に気兼ねしなくてよくなるからだ。私たちのサービスは、気をつけなければ利用者にとっても負担になっている。その上、「施設」という場所はイメージも地味で華やかさに欠ける。機能性は高いが、楽しさにはほど遠い。

だからこそ、その概念を打破したいと思った。

また、それにはかなり極端な発想も必要だと感じた。私にとってそれは、ある一定以上の生活レベルの層からも、評価を得る中身をつくることだった。他より高い料金を支払っても価値があると感じてもらえることだった。ただし、そこには自動的に「利用料」という敷居が存在することになる。これをどう捉えるかは議論の分かれるところだろう。

ただ私は、施設のホンモノの価値を求めるためには、そこまでしなければ、既存の概念は破れないと信じた。

(1)「洗練」という価値を求めて

施設は選択される時代になった。これから自分たちは、いったい何によって選ばれたいだろうか。そう自らに問いかけ続けた。

そして得た答えが、「洗練」という価値だった。洗練は、決して物質的な贅沢さだけを意味しない。清潔で、隅々までしっかりと手入れされた場所があり、そこに笑顔や気持ちの良い挨拶がある。そして、素直さや謙虚さに裏打ちされた高潔な人柄が育つ。暮らす人の豊かな生活があり、訪れる人がいつも幸せな気持ちになれる。そんな「場所」を目指したいと思った。

特に私がこだわるのは、徹底した掃除や施設特有のニオイ対策、タオルの肌触り、スタッフの身だしなみなどである。なぜなら、目に見え、手に触れられるものが、目に見えない「気分」に影響を与えるからだ。暮らす上で「気分」は大切だ。だからこそ、まずは五感に触れるものにこだわっている。

(2) 福祉施設は「住まい」である

これまで福祉施設の中で当たり前と思われてきたものに、「住まい」という観点から一つ一つ疑問を持ってみた。私たちが日常慣れすぎて見落としてきたものに、一つ一つスポットを当てていった。

本当に整理整頓や清潔さへの妥協はなかったか。特有のニオイを「仕方ない」と諦めていなかったか。「～してあげている」という気持ちを「福祉の心」だと勘違いしていなかったか。

そして、施設を住まいとして捉えられてきたか。

保障である前に、そこにあるのは「人生」なのである。

5．質の良いものを求めて、みんなハッピーに

私たちが最終的に目指すべきは、そこで働く人間も幸せになるような施設をつくることである。それは即ち、そこに暮らす人や訪れる人にとっても幸せな場所になるということだ。

(1) 花を飾るゆとりが、よい気を呼ぶ

日本人は、そこに流れる「気」に対して敏感であり、またそれを大切にする民族だと思う。伊勢神宮では20年に一度「遷宮」がある。ここには、周期的に神様の住まいを新しく整えることによって、常に瑞々しい清浄な「気」を保つ意味もある。私は、この「常若」と言われる精神が好きだ。日本人は昔から、掃き掃除を「掃き清める」、拭き掃除を「拭き清める」と表現した。掃除は、単なる作業ではない。この「常若」のような精神を継承することをも意味する。

掃除の行き届いた清浄な空間に、花を飾り、水が濁らないよう手をかけて世話をする。そ

んな暮らしが、自然に良い気を呼ぶのではないだろうか。

生活や心にゆとりのない時には、なかなか人は花を飾ることなどできない。

そして、このようなゆとりを求めるためには、働く人たちにこそ、物理的・精神的なゆとりが必要なのである。

(2)「名門」と呼ばれる未来型法人を目指す

私たちの法人は、設立から間もなく25周年を迎える。

歴史の長い社会福祉法人からすれば、まだまだである。それでもいつか「名門」と呼ばれる社会福祉法人になりたいと願っている。

それは、「この仕事をするなら、一度は門をくぐりたい」と思われる法人であり、「あそこに入居出来たら幸せ」と思われる高齢者住宅を創ることだ。

私は常々「名門」といわれるホテルやゴルフ場に惹かれてきた。なぜなら、そこにはパブリックでは決して到達できない品格があるからだ。それはまた、非開放的で、来る者すべてを受け入れるわけではない。だからこそ、より一層揺るぎない価値に守られていく。

社会福祉法人も、人を雇い入れ、サービスを提供する一つの企業体である。常により良い価値を求め、それを持続可能にしなければならない。そのためには、まずはその根幹となる価値を、確固たるものにする必要がある。その上で、その価値を広く公共に広めていくことが、社会福祉法人としての私たちの使命である。

編集後記

ＮＰＯ法人福祉サービス経営調査会では、社会福祉事業経営者の活動の姿とその経営実践を紹介する「社会福祉を牽引する人物」を紹介してきましたが、今回はその第４弾として社会福祉法人千種会ＣＥＯ岸本　敦氏を取り上げることになりました。氏の活動実践、経営者像を紹介する岸本　敦氏、森脇恵美氏と塚口伍喜夫顧問の鼎《てい》談、千種会職員との懇談会に出席し、岸本氏の人間像、経営像に接することができましたので、彼の経営哲学等私の感想を報告します。

第１　岸本氏が社会福祉事業経営に参画した時代

社会福祉法人千種会は平成２年３月に設立され、特別養護老人ホームちくさの郷は同年９月に開所し、岸本氏はちくさの郷の若き事務長として法人運営、施設運営に係わってこられました。

この時代は、まさに社会福祉制度の大きな転換期で、急速に進展するわが国の人口の高齢化に対応し、長寿社会をすべての人々が健康で生きがいをもって安心して暮らせるよう平成2年6月には「老人福祉法等の一部を改正する法律」が公布され、平成5年4月1日から特別養護老人ホーム、身体障碍者援護施設等への入所決定権が町村長に移譲されました。また、併せて、高齢者の保健福祉サービス基盤を早急に整備する必要があることから、平成2年度から平成11年度までの10年間に緊急に推進すべき施策「高齢者保健福祉推進十か年戦略」(ゴールドプラン)が策定され、市町村が創意と工夫により、地域の実情を生かして高齢者等の保健福祉計画の積極的な推進が求められた時代で、氏は地方の時代の幕開けとともに大きな展望と改革を抱いて福祉事業経営に就かれたのだと思います。

第2　当時の施設経営の主流と岸本氏の施設経営に対する思い（経営理念）のギャップ

岸本氏も言っておられるように氏の福祉経営に対する考え方は、革新的な社会福祉学者と言われる小室豊允先生の影響もあってか、まだ措置の時代に現在の福祉サービスを購入するという新たな契約の考え方でもって法人経営、施設経営に関わろうとすれば、当然行政をはじめ長年施設経営に関わってこられた事業者とは自ずと経営手法を異にし、批判が出るのは当然のことであったと思います。

特にギャップが大きかったのは、利用者に対する処遇の考え方であったと思います。当時の考え方は、知事、市長等措置権者から委託を受けた社会福祉法人が措置費を上手に使うことが主流で利用者の処遇は、行政から委ねられた条件に従って処遇することが基本で、岸本さんのように利用者の尊厳を大切に、その人の考え方にそって、その人らしい処遇をする今日的な処遇の考え方、ホスピタリティの追求とはほど遠い考えでそのギャップは大きかったと思います。

第3　岸本氏の経営理念と施設建設、施設運営の手法（経営理念の実現と財政状況）

岸本氏の福祉施設経営に対する思いは、急速に進展する人口の高齢化、少子化に伴って急速に増加する高齢者の増加や人口の都市化に伴う家族制度の変化や生活ニーズの多様化、認知症高齢者の増加等に対し、これまでの高齢者施設が「身寄りのない人」や「経済的な理由」によるごく一部の人を対象にした施設から、介護が必要になっても住み慣れた地域で家族とともに自分らしく生活していきたいというニーズに社会福祉法人としてどう応えるかという追求と模索の30年であったと思います。

神戸の山手、西宮、芦屋といった生活環境抜群の地域でこの市民ニーズにどう応えるかを追求し、居住費等が行政の考え方（基準）を超え、行政の強い指導を受けながらも自分の信念を失うこともなく目標の実現に向け、施設には設備、備品、雰囲気にも最高のホスピタリティを求め重ねてこられた努力は必ずや開花するものと大きな期待が寄せられています。

第４　岸本氏の経営理念を育む職員集団

利用者の尊厳を大切に、ホスピタリティを大切にする岸本ＣＥＯの経営哲学の徹底的指導を受けた職員の多くは着実に成長し現在では若手の施設長、管理者等中堅管理職として活動しています。彼等が岸本ＣＥＯの経営理念を介護職員等一般職員に浸透させ、利用者の尊厳とホスピタリティを大切にした千種会の施設サービスは千種会の各地で花開き、利用者とその家族をはじめ地域から賞賛され、その地域になくてはならない、社会的評価の高い施設としての運営が大きく期待されていると思います。

第5　革新的な経営理念が息づき地域に信頼される新しい施設経営（花開く千種会CEO岸本　敦氏の経営理念）

岸本CEOが平成2年9月に創設された社会福祉法人千種会の経営に加わってこられた今日までの30年間に投資された費用は相当大きなものであったと考えます。しかし、新しい経営理念の実現に向けた努力と運営コストの削減に向けた努力も相当進み法人の財政状況は安定化に向かいつつあるように思います。

岸本氏の主張されるホスピタリティの精神を、利用者の処遇、職員の処遇、施設の生活環境に生かされ、氏の主張される新しい経営理念に立脚した施設運営に展開され、介護サービス事業が従来低い存在として位置付けされた事業から社会的に評価の高い事業として成長していくことに大きな期待が寄せられています。

編集責任者　野嶋納美

《鼎談者プロフィール》

岸本　敦（きしもと あつし）

社会福祉法人千種会ＣＥＯ
昭和31年7月3日　兵庫県宍粟市（当時、宍粟郡）千種町生まれ
昭和57年3月　近畿大学商経学部経営学科卒業
平成11年3月　姫路獨協大学大学院経済情報研究科修士課程修了
平成2年9月　社会福祉法人千種会　特別養護老人ホームちくさの郷事務長
平成3年8月　同施設長
平成8年7月　社会福祉法人千種会 特別養護老人ホームおおぎの郷施設長
平成12年8月　社会福祉法人六甲福祉会 特別養護老人ホーム岩岡の郷施設長
平成14年4月　社会福祉法人千種会　特別養護老人ホームおおぎの郷施設長
平成25年6月　社会福祉法人千種会ＣＥＯ
―現在に至る―
平成3年8月　社会福祉法人千種会理事（～平成11年3月）
平成4年4月　西播磨老人福祉施設連盟研究委員（～平成8年6月30日）
平成6年4月　日本社会保障法学会会員、現在に至る
平成11年3月　社会福祉法人六甲福祉会副理事長、現在に至る

森脇　恵美（もりわき えみ）
社会福祉法人千種会　経営管理本部長
昭和45年4月17日　兵庫県宍粟市（当時、宍粟郡）千種町生まれ
平成2年3月　華頂短期大学　社会福祉学部　児童福祉学科卒業
平成2年4月　社会福祉法人千種会　ちくさの郷入職
平成12年8月　社会福祉法人六甲福祉会の開設にあたり異動
平成30年7月　現職に従事

塚口伍喜夫（つかぐち いきお）
昭和12年10月　兵庫県生まれ
昭和33年3月　中部社会事業短期大学卒業　4月日本福祉大学3年編入学
昭和33年8月　日本福祉大学中途退学
昭和33年9月　兵庫県社会福祉協議会入職
その後、社会福祉部長、総務部長を経て事務局長、
兵庫県社会福祉協議会理事、兵庫県共同募金会副会長を歴任
平成11年4月　九州保健福祉大学助教授・教授・同大学院教授
平成17年4月　流通科学大学教授・社会福祉学科長
平成25年10月　NPO法人福祉サービス経営調査会理事長、顧問

平成28年5月　社会福祉法人ささゆり会理事長、現在に至る。

《編集者》

野嶋　納美（のじま なつみ）

昭和13年6月　鳥取県生まれ
昭和36年3月　国立埼玉大学経済短期大学部卒業
昭和39年4月　兵庫県職員
　民生部北但福祉事務所長、障害福祉課長
　兵庫県社会福祉事業団常務理事等を歴任
平成11年4月　日本赤十字社兵庫県支部血液センター事務部長
平成15年4月　社会福祉法人のじぎく福祉会事務局長
平成25年10月　ＮＰＯ法人福祉サービス経営調査会事務局長・常務理事、副理事長
平成28年6月　社会福祉法人ささゆり会評議員、現在に至る

森脇　恵美（もりわき えみ）

《編集助手》

郷田　真佐美（ごうだ　まさみ）

昭和58年1月　大阪府羽曳野市生まれ
平成17年3月　九州保健福祉大学社会福祉学部社会福祉計画学科卒業
平成17年4月　社会福祉法人六甲福祉会介護職員として入職
平成18年4月　社会福祉法人千種会介護職員として入職
令和元年8月　社会福祉法人ささゆり会介護職員として入職、現在に至る

社会福祉を牽引する人物④
岸本　敦
― 異端の経営者と言われながら ―

2020年2月20日　初版第1刷発行

■編 集 者――野嶋納美・森脇恵美
■編集助手――郷田真佐美
■発 行 者――佐藤　守
■発 行 所――株式会社 大学教育出版
〒700-0953　岡山市南区西市855-4
電話（086）244-1268　FAX（086）246-0294
■印刷製本――モリモト印刷(株)

ISBN978-4-86692-066-5